LOS SECRETOS
DEL **TITIRITERO**

Textos e ilustraciones específicas: Paco Paricio
Diseño y maquetación: Víctor Gomollón
Corrección de textos: Ana Bescós
Foto de segunda solapa: David Iturralde

Imprime: San Francisco, Artes Gráficas

Edita: Los Titiriteros de Binéfar / La Casa de los Títeres
        C/ Bailén, 22
        22500 Binéfar (Huesca)

        Tel.: 974 428 218

        titiriteros@titiriteros.com
        www.titiriteros.com
        www.lacasadelostiteres.com

ISBN: 978-84-121647-8-7
Depósito legal: HU 67-2024

LOS SECRETOS DEL TITIRITERO

(O CÓMO MOVER UN POLICHINELA)

Con más de cien ilustraciones
que sirven para explicar las artimañas

por **PACO PARICIO**
de **LOS TITIRITEROS DE BINÉFAR**

A continuación explico los trucos que he aprendido en mi vida titiritera, las más de las veces observando a las maestras y los maestros con los que he convivido. Los comparto con vosotros para que se consolide y avance este arte popular de Polichinela, Currito, Titella, Barriga Verde, Cristobita o Guiñol, pues todos esos nombres y algunos más tienen los títeres en España..., y os doy un consejo: ¡jugad!, jugad mucho con los títeres buscando esa situación de disfrute y complicidad que siempre resulta la más creativa.

Paco Paricio

ÍNDICE

3. TRUCOS DE ANIMACIÓN

1. ALGUNAS CUESTIONES BÁSICAS

POLICHINELA

Para empezar comento los rasgos característicos de Polichinela, que es el títere por antonomasia, pues la palabra *polichinela* en castellano es sinónimo de *títere*.

EL CASCABEL EN EL GORRO

Polichinela lleva en el gorro un cascabel, símbolo de fiesta y alegría. Ese gorro, además, sirve para aumentar su presencia y su movimiento.

LOS OJOS

Si son grandes y miran directamente, reflejan un alma transparente, generosa; si son pequeños y fruncidos, todo lo contrario. Considero los ojos el alma del títere (grandes los de Polichinela).

LA NARIZ

La gran nariz de Polichinela señala sus intenciones o el lugar al que se dirige. Por eso suelo decir que es la nariz la que marca la intención.

LA BOCA QUE RÍE

La sonrisa permanente de Polichinela indica que se ríe de todo, también de sí mismo, de su aspecto grotesco y jorobado.

LA ESTACA

La estaca ruidosa suele ser su respuesta rápida, su herramienta para resolver conflictos. Suena mucho, pero golpea poco, pues tiene dos tablillas que entrechocan. Me gusta pensar que la estaca es además un instrumento musical que lleva el ritmo.

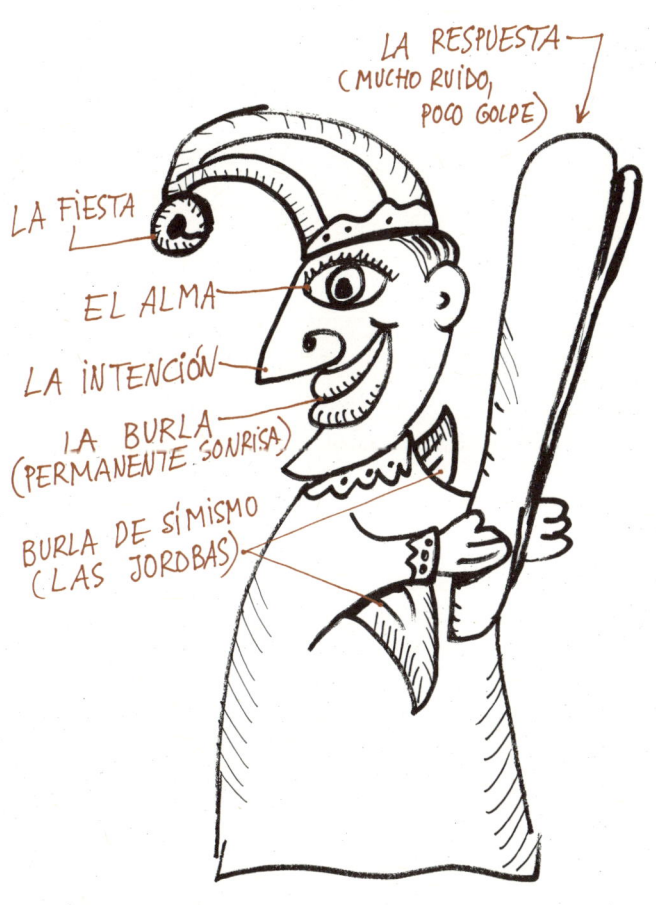

LA RESPUESTA
(MUCHO RUIDO,
POCO GOLPE)

LA FIESTA

EL ALMA

LA INTENCIÓN

LA BURLA
(PERMANENTE SONRISA)

BURLA DE SÍ MISMO
(LAS JOROBAS)

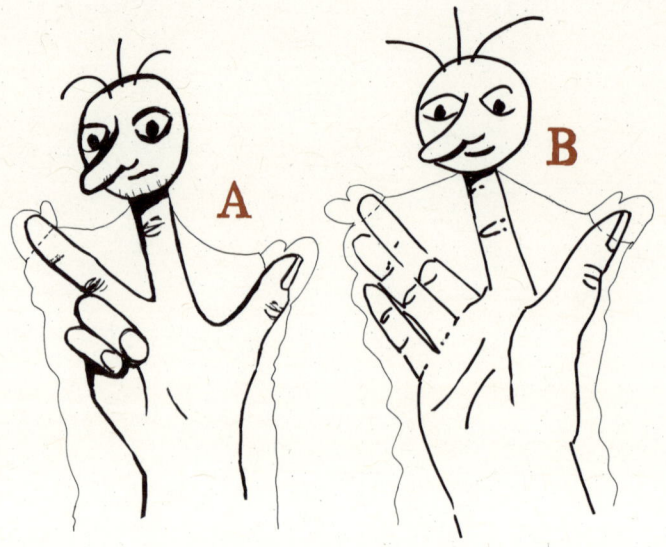

¿CÓMO SE *ENGUANTA*?

Aquí tenéis un títere de guante o guiñol o currito: de varias maneras puede llamarse.

El dibujo muestra las dos formas más habituales de enguantarlo. También se pueden introducir dos y hasta tres dedos en la cabeza.

En la versión B verás que tiene un vestido amplio o camisola, de modo que se pueden mantener extendidos los dedos índice, anular y meñique.

Recomiendo que las manos del muñeco sean de tela y no de cartón o madera tallada como ocurre en algunos modelos tradicionales, pues, si son de tela, el títere puede coger fácilmente objetos como flores, trapos, cestas, escobitas o estacas y se dispone de más control sobre esos objetos.

DE LA COMEDIA DEL ARTE (1930)

En el año 1930 Émile Lagarde publicó en París el libro *Ombres chinoises, guignol, marionnettes*, en el que aparecen los nueve personajes que en aquel momento representaban los roles clásicos del teatro guiñol. Proceden de la comedia del arte, un género popular de teatro italiano.

ARQUETIPOS

Un títere es un actor que lleva escrito en la cara su papel en la comedia, y lo lleva de manera indeleble, pues no puede cambiar los rasgos de su rostro.

Hemos visto en la ficha precedente personajes que vienen de lejos. Muestro aquí los que me fueron legados (no está Polichinela porque ya hemos hablado antes de él): Colombina la bella, el ladrón con su cicatriz y su gorra, el guardia con su gorra y su bigote, Pierrot el enamorado, la bruja con su larga nariz y el diablo con sus cuernos. Cada quien tiene su aspecto característico.

En las funciones de títeres la aparición de un nuevo personaje suele suponer una nueva rutina. Los titiriteros solemos llamar *rutinas* a las distintas escenas de una comedia de títeres.

COLOMBINA   EL LADRÓN   EL GUARDIA

PIERROT   LA BRUJA   EL DIABLO

OBSERVA CON DETENIMIENTO

Antes de iniciar la función, y antes de *enfundarse* o *enguantarse* los muñecos en las manos, conviene tener un momento de preparación y concentración para mirar con detenimiento su cara y su expresión. Al verlos recordamos la voz y los movimientos (el repertorio gestual) con los que vamos a dotarlos, pues durante la representación no vamos a disponer de ese tiempo para evocar y hacer nuestra su personalidad.

TRANSMITIR TONO Y MOVIMIENTO

En la revista *L'Illustration* del 8 de febrero de 1941 aparece esta preciosa acuarela de A. Galland en la que se ve como, para que bailen los títeres, la pareja de titiriteros también baila.

Tal vez será esta la principal y más necesaria tarea de unos titiriteros: dotar de tono y movimiento a los muñecos, crear esa animación desde una verdad que permanece escondida.

EL JUEGO DEL GESTO

La interpretación con el muñeco de guante debe ser exagerada en comparación con la del actor, en general más contenida. El muñeco compensa así su pequeño tamaño con una gestualidad desmesurada y en ocasiones frenética, pues este teatro está empárentado con la comedia del arte, género que también prioriza el gesto y el movimiento.

EL MOVIMIENTO ANTES QUE LA PALABRA

El profano cuando se decide a jugar con un títere suele hacerlo hablar, pero es mucho más necesario moverlo.

UNA LIGERA INCLINACIÓN HACIA DELANTE

La vista de perfil del muñeco ilustra la leve inclinación de la mano del titiritero para dirigir la mirada del títere ligeramente hacia abajo.

En el teatro tradicional los títeres quedan por encima de los espectadores. La inclinación permite que los ojos del muñeco se encuentren con la mirada de los espectadores, que el títere conecte con el público.

SILABEO CON LA MANO

Voy ahora con un movimiento, a mi entender, fundamental a la hora de manipular el muñeco cuando habla: el *silabeo* con la mano.

Debe existir una conexión directa entre el aparato fonador del titiritero y la mano que mueve el muñeco, de forma que cada sílaba que *pronuncia* el títere sea señalada por un movimiento de su cuerpo.

La ilustración trata de explicar que, al decir la palabra *hola*, en cada una de las dos sílabas el titiritero realiza un movimiento con la mano (en este caso, de un lado a otro) y, por tanto, el muñeco lo hace con el cuerpo.

LA PRESENTACIÓN (LA MIRADA)

Cuando aparece en escena un títere, y más si se trata del protagonista, debe presentarse realizando una primera conexión con el público con la mirada. Esto lo consigue situándose en medio del retablo y permaneciendo quieto tres o cuatro segundos.

Esta presentación permite que los espectadores lo vean y lo conozcan. Acto seguido recorre con la mirada a todo el auditorio como diciendo: «¿Estáis ahí? Ya os veo».

COMPLICIDAD

Esa mirada directa a los espectadores se repetirá a menudo, prácticamente después de cada acción significativa que realice el muñeco protagonista.

En la tela de algunos retablos se practica un pequeño agujero (A) a la altura de los ojos del titiritero para que este pueda observar al público.

A

EL QUE HABLA SE MUEVE

Esta ficha trata de evidenciar una regla básica de la manipulación de títeres: el muñeco que habla se mueve; el que escucha permanece quieto mirándolo o lo acompaña sutilmente con pequeños y discretos movimientos que vienen a ser como un eco de los aspavientos del otro.

CAMINAR (SALTOS)

Los títeres de guante caminan realizando dos movimientos básicos.

El primero consiste en dar pequeños saltos: se trata de un movimiento vertical, hacia arriba y hacia abajo. Esos saltos sirven para hacer caminar, y por tanto desplazarse, al muñeco, pero, ¡cuidado!, cuando el títere no da saltos y se desliza, decimos irónicamente que *patina*.

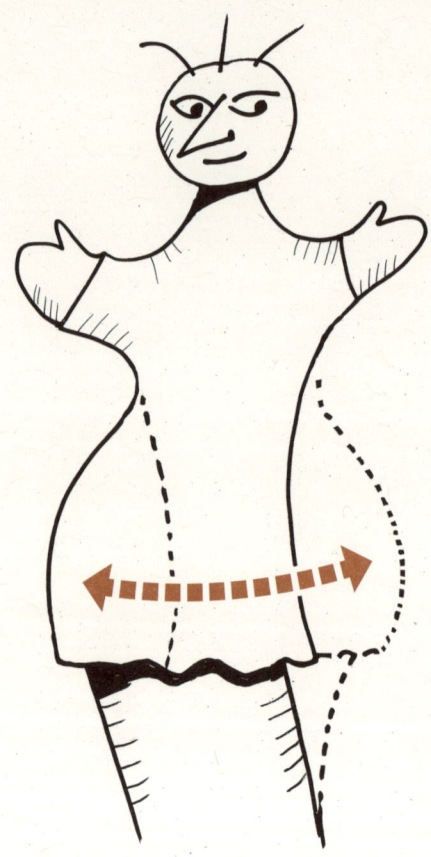

CAMINAR (VAIVÉN DE CADERAS)

A la vez que el muñeco realiza los movimientos de caminar (los
saltos y los avances), debe combinarlos con un balanceo lateral de la muñeca del titiritero, que se corresponde con lo que
sería la cadera del títere.

EL SALUDO

El muñeco agita una mano para saludar. Puede saludar con una mano a una parte del público y luego con la otra a los espectadores del otro lado.

FOCO O PUNTO DE ATENCIÓN

Cuando aparece un nuevo personaje o un objeto en la escena, los muñecos presentes en ella reaccionan girándose hacia él. De esta manera llevan el foco de atención, el interés del público, hacia la nueva propuesta que acaba de surgir.

CAMISOLA ASIMÉTRICA

En ocasiones los titiriteros profesionales confeccionamos la camisola o vestido del títere con forma asimétrica, adecuada o bien a la mano izquierda, o bien a la derecha.

En una camisola asimétrica la manga que corresponde al dedo pulgar es más corta y más estrecha que la que albergará los dedos corazón, anular y meñique. El objeto de esa asimetría es facilitar la gestualidad del muñeco y poder mantener los dedos extendidos.

Una camisola adaptada a la mano y algo ajustada a ella permite que los matices de los movimientos que realiza el titiritero sean más perceptibles para el público. En este caso que comento se trata de títeres que son *de mano derecha* o *de mano izquierda*.

29

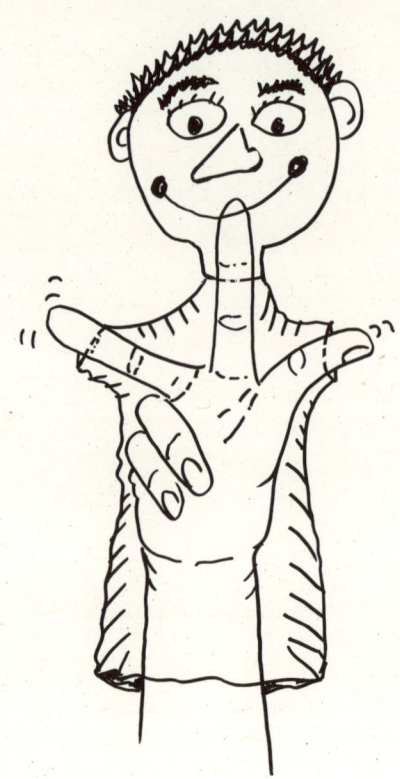

LA PUNTA DE LOS DEDOS

Algunos titiriteros confeccionan las camisolas de tal manera que por las mangas puedan sacar la punta (una falange) de los dedos pulgar y corazón para que se *conviertan* en las manos de los muñecos.

2. ESTADOS DE ÁNIMO

LA ESPERA

El títere expresa una actitud de espera realizando desplazamientos continuados de un lado a otro del retablo. Se gira, va y vuelve.

El movimiento de abrir y cerrar los brazos de manera rápida y repetida sirve para aumentar la sensación de nerviosismo o impaciencia del personaje.

EL ASOMBRO

Cuando el títere se asombra se lleva las manos a la cabeza y se inclina hacia atrás.

Se añade un mayor grado al asombro cuando el muñeco realiza un movimiento amplio abriendo los brazos a la vez que da un salto hacia atrás.

EL INTERÉS (LA NARIZ SEÑALA)

Cuando el muñeco se interesa por algo o por alguien inclina el cuerpo hacia ese objeto o esa persona.

La nariz, como hemos visto en la primera ficha («Polichinela», págs. 14-15), es como una banderola que señala el centro de atención.

Además de agacharse hacia el objeto, el títere puede remarcar ese efecto yendo hacia el lugar contrario y volviendo bruscamente a mirarlo como para asegurarse de que sigue ahí y confirmar su interés.

LA ALEGRÍA

Habitualmente el muñeco de guante demuestra su alegría dando palmas. Sube el nivel de entusiasmo añadiendo a las palmadas el vaivén de cadera que también usa para caminar, pero en este caso permanece en el mismo lugar sin avanzar y mirando al público. Igualmente expresa alegría con saltos enérgicos hacia arriba.

En nuestra compañía (Los Titiriteros de Binéfar) solemos dar poca importancia al hecho de mostrar parte del brazo del titiritero que está escondido en el retablo. Nos gusta pensar que en esos momentos recordamos al público que estamos debajo, es decir, que allí hay actores jugando.

LA CARCAJADA Y LA BURLA

El culmen de la alegría ya transformada en risa o carcajada, incluso en burla, se expresa dando golpes con la mano del títere en el proscenio del retablo y combinando esta acción con la de ponerlo *panza arriba*.

Pueden interrumpirse esos aspavientos para hacer que vuelva a mirar el objeto que provoca la risa o la burla.

También cuando suena una melodía que le gusta el muñeco da golpes con la mano en el proscenio siguiendo el ritmo. Indica así su entusiasmo y su vitalidad.

LA PREGUNTA (DESCRIBE UN CÍRCULO)

El muñeco, al interrogar, a la vez que formula una pregunta describe un círculo, esto es, realiza un movimiento circular con todo el cuerpo y dice: «¿Cómo?», «¿Qué?», «¿Por qué?».

El círculo es más grande en función del énfasis o la extensión de la cuestión.

EL MIEDO (TEMBLOR Y CAÍDA)

El títere expresa su miedo temblando aparatosamente con todo el cuerpo. También se tapa los ojos con las manos, se gira y se tambalea.

Expresa un grado superior de miedo, casi pánico, cayendo desconcertado hacia atrás o hacia delante, como veremos en la página siguiente.

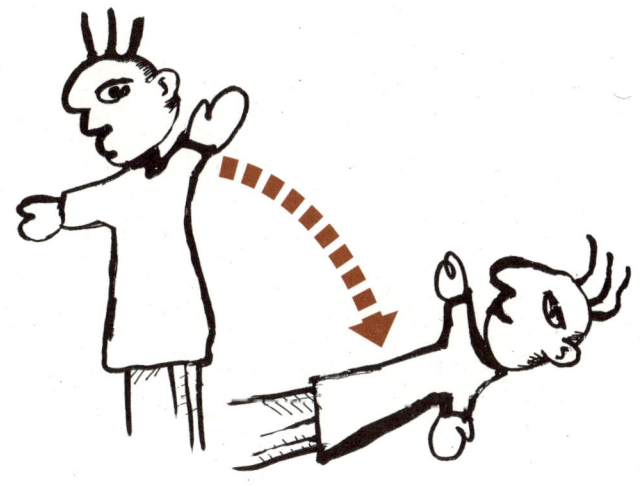

EL DESCONCIERTO

Al ver algo que le causa una gran sorpresa o un miedo intenso, el muñeco cae hacia atrás desmayado, lo que no obsta para que se levante a contemplar lo que le ha provocado esa impresión y vuelva a caer.

REPETICIONES

En esas repeticiones que vengo comentando estriba parte de la *gracia* de estos muñecos de guante. De la pericia del titiritero depende la buena dosificación de los gestos repetidos, pues no conviene abusar de ellos.

LA RABIA Y LA CARCAJADA (CABEZAZOS)

Al enfadarse o irritarse, el muñeco da repetidos golpes con la cabeza en el proscenio o en la repisa del retablo. Son acciones ruidosas, sobre todo si la cabeza es de madera, que provocan la hilaridad del público.

Ya hemos visto antes que los golpes con la mano se relacionan con la risa y la burla.

El gesto de golpear con la cabeza la repisa del retablo también se usa para expresar, además de rabia, risa y burla.

PANZA ARRIBA

La risa, al igual que la burla y el puro divertimento, puede expresarse también con movimientos exagerados del títere como ponerlo *panza arriba* y realizar giros, convulsiones y sacudidas con su cuerpo echado en el suelo.

LA TRISTEZA Y EL ABATIMIENTO

La tristeza se expresa con el cuerpo del títere encogido y dobla-
do y la mirada dirigida al suelo. A la vez, con la mano del titiritero semicerrada, se le hace caminar de modo pausado. Puede
pararse para volver a ver el objeto que le causa esa aflicción o
mirar al auditorio y a continuación seguir caminando.

En los títeres de guante la tristeza siempre es una situación
pasajera. En esto se parecen a los niños, que mutan con rapi-
dez de la risa al llanto y viceversa. Esa actitud primaria o infan-
til es una característica de los muñecos.

EL APRECIO

El títere demuestra aprecio por algo o por alguien acariciándolo exageradamente, de arriba abajo y de manera repetida, al tiempo que dice expresiones como *¡guapo!*, *¡oh!*, *¡bonito!...*

EL DESPRECIO (GIRO BRUSCO)

Cuando algo le causa rechazo al personaje, el títere, para evidenciar ese rechazo, se gira y se va. Tras dar algunos pasos puede
volver a mirar el objeto de su desprecio y reiniciar su *desplante*.
También suele levantar la cabeza con orgullo.

EL DISIMULO

Cuando quiere disimular ante algo o alguien, el muñeco aparta la mirada de ese objeto o esa persona y mira hacia arriba, hacia abajo... Vuelve a dirigir la vista subrepticiamente hacia el *motivo* y rápidamente aparta la mirada de nuevo.

ASENTIR Y NEGAR

El títere de guante dice que sí no solo con la cabeza, sino con todo el cuerpo. También utiliza el cuerpo entero, la mano del titiritero, para decir que no.

LA EXAGERACIÓN Y EL DISPARATE (LANZAMIENTOS)

La titiritera lanza el muñeco hacia arriba de forma que el público lo ve aparecer como si saltara y volver a caer. De este modo se expresa un estado exagerado de alegría o excitación. Esta treta puede incluirse en una secuencia alocada de persecución, pelea, baile... Las exageraciones forman parte del disparatado lenguaje de estos muñecos.

EL *ESTRIPTIS*

Suele el muñeco hacer *estriptis* apareciendo en el retablo con su cabeza de cartón o de madera pero sin vestido. El titiritero, por tanto, muestra su mano como cuerpo del muñeco. Puede realizar movimientos *insinuantes* moviendo la cadera (la muñeca).

DOS DEDOS

En la ilustración se ve como en ocasiones la animación del muñeco se ejecuta con dos dedos en la cabeza (índice y corazón). Esta peculiaridad es interesante en el caso de la *desnudez* del muñeco, pues los dos dedos proporcionan más presencia de la mano desnuda. Además, el hecho de manejar la cabeza con dos dedos permite efectuar con ella giros a un lado y otro más matizados que los que se hacen con un solo dedo.

3. TRUCOS DE ANIMACIÓN

OBJETOS GRANDES

Los objetos que mueven y utilizan los títeres son mucho más grandes de lo que correspondería proporcionalmente a su tamaño. Eso hace más fácil manipularlos con los muñecos y aumenta su presencia escénica.

A la flor que lleva el personaje de la ilustración se le ha añadido un mango más grueso que su tallo para que el muñeco pueda cogerla y dejarla con facilidad. La hembrilla cerrada (A) que se ve en su base delata que la flor permanece colgada en el retablo para que el titiritero pueda cogerla en el momento oportuno (sobre soportes y apoyos véase más adelante el apartado 10).

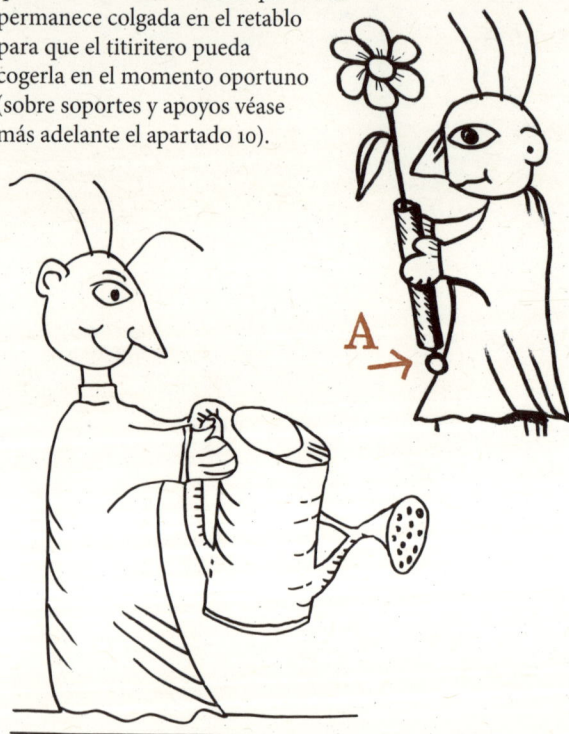

EL VESTIDO

Los muñecos que se ven en la postal, que pertenecieron al gran titiritero ruso Serguéi Obraztsov, sirven para explicar que el vestido del títere de guante puede quedar holgado o ajustado a la mano del titiritero; pues bien, un vestido ajustado permite hacer visibles con más precisión los gestos que la mano ejecuta dentro del vestido. Obsérvese en la ilustración la fuerza y la significación de los gestos según la actitud que muestran los títeres.

La mano del titiritero bajo el vestido se transforma en hombros, caderas, rodillas, cintura y columna vertebral del muñeco.

GORRO O PENACHO

Ya hemos visto anteriormente como el gorro con cascabel de
Polichinela amplía los movimientos que el muñeco hace con
la cabeza. Ocurre lo mismo cuando el personaje lleva un pena-
cho o un tocado que se balancea o se agita con sus movimientos y aumenta su presencia.

DOS MANOS PARA TODO

Una de las características del guiñol o títere de guante es que realiza las acciones de asir, desplazar y mover objetos con las dos manos, como hace el muñeco de la ilustración con la cuerda del pozo.

EL MAESTRO GERARDO DUAT

Mi maestro, Gerardo Duat, usaba un pozo así para representar una escena en la que acababa apareciendo un demonio que él denominaba *Banyeta*. Más adelante, en el apartado de escenografías, explicaré cómo era el pozo que usaba.

CONTRASTES DE MOVIMIENTO

Propongo un ejercicio. Una mano será la cabra y la otra el elefante. La cabra y el elefante son dos imágenes que ayudan a crear dos movimientos contrastados (también dos voces, pero eso lo veremos más adelante).

Tratamos de reflejar en cada mano el movimiento característico de su personaje.

La cabra se mueve alegre y nerviosamente dando saltos de un lado a otro. Por el contrario, el elefante es pesado y se mueve de forma parsimoniosa.

He aquí otras parejas que sirven para inspirar movimientos contrapuestos:

- La oruga (sinuosa y horizontal) y el rayo (entrecortado y vertical).
- El mono (con saltos verticales) y la serpiente (con movimientos horizontales).
- El bobo (inseguro) y el pícaro (rápido, intencionado).

Cada títere, y por tanto cada mano del titiritero, debe tener su propio ritmo y su movimiento diferenciado.

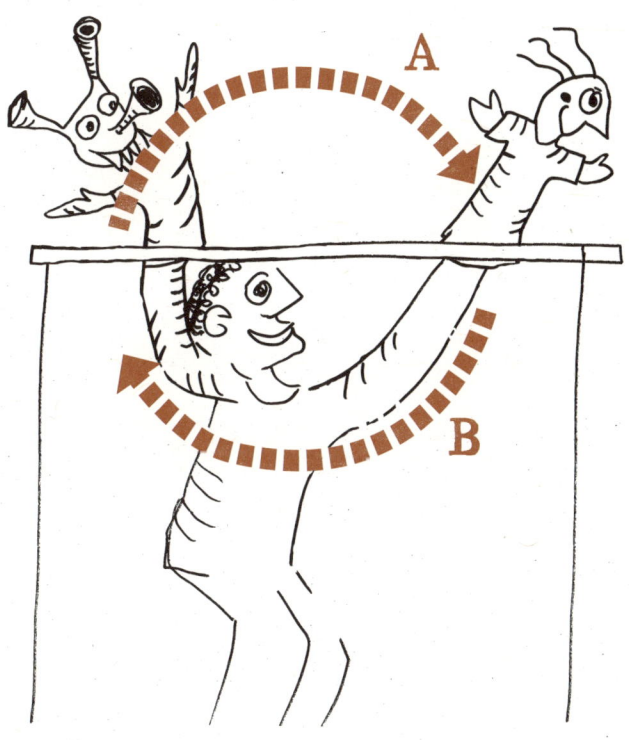

LA PERSECUCIÓN

Cuando los muñecos se persiguen realizan pasadas rápidas por la escena. El titiritero describe un círculo con ellos de manera que la mitad de ese círculo sea visible para el público (A) y la otra mitad quede oculta tras el retablo (B).

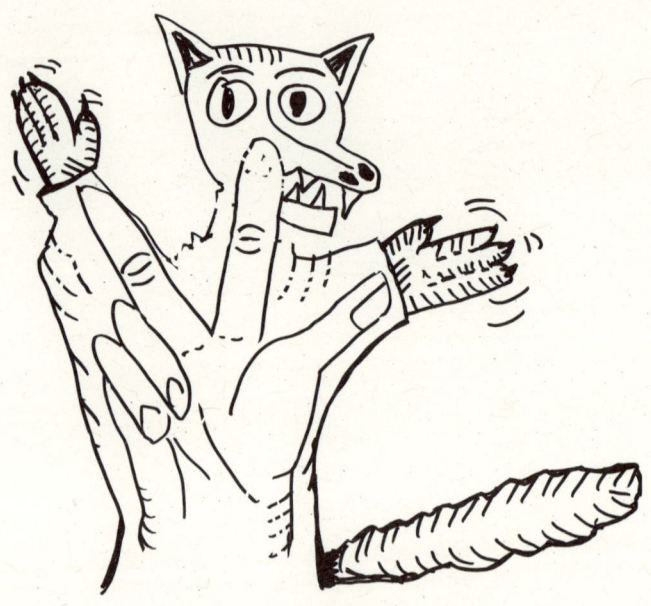

MANOS QUE PENDULEAN

En ocasiones el titiritero confecciona la camisola y las manos del muñeco de forma que sus dedos no lleguen a entrar en la mano de tela del muñeco. Digo de *tela* porque, si fueran de madera o de cartón, no tendría tanto sentido o tanta eficacia lo que voy a comentar. Esas manos del muñeco en las que no acaban de alojarse los dedos del animador adquieren unos movimientos más amplios y más visibles para el público.

En este caso el muñeco no coge los objetos con las manos, sino que lo hace con los brazos o con los antebrazos.

SACAR LA MANO, COLGAR EL MUÑECO

En ocasiones el desarrollo o la creación de una rutina requiere dejar el títere en el retablo. Para eso se saca *subrepticiamente* la mano y se deja el muñeco colgando. Puede ser recogido después por otro muñeco (véase la ficha siguiente) o por el titiritero, que lo hace desaparecer dando un tirón al extremo inferior del vestido, la parte oculta para el público.

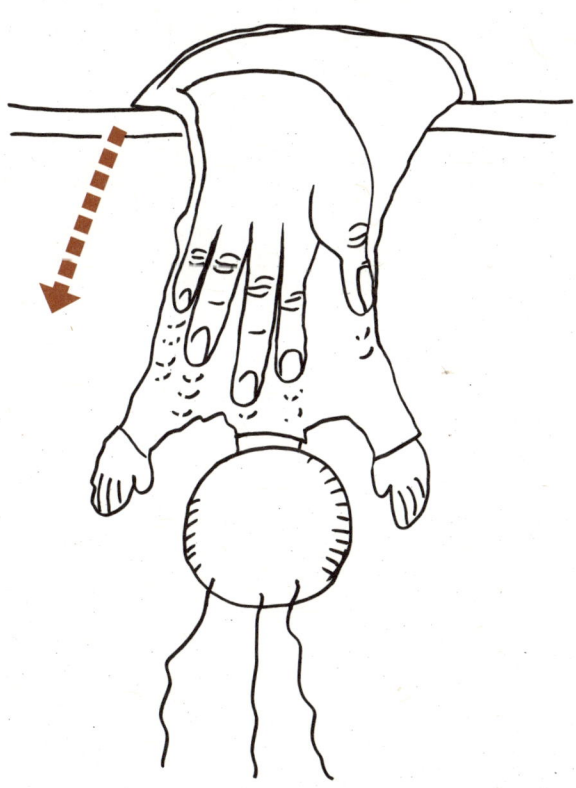

MUERTE Y *RESURRECCIÓN*

En algunas escenas, como la que aparece en la ilustración, un títere coge otro y lo zarandea. El titiritero suele quitar la mano y el muñeco *desfallecido* es zarandeado por el otro, que finalmente puede dejarlo colgado como veíamos en la ficha precedente, situación que aprovecha el titiritero para volver, si así le conviene, a colocar la mano dentro de él y moverlo de nuevo en la escena.

MUÑECO CON PIERNAS

Cuando un muñeco de guante tiene piernas, y siempre que disponga de perneras para introducir los dedos, el titiritero puede darle movimiento usando ambas manos como se muestra en la ilustración.

ESTIRAR EL CUELLO

En la ilustración se ve un muñeco de guante con un mecanismo especial que permite alargar el cuello, pues la cabeza va unida a una vara que está escondida en el vestido y se puede sacar hacia arriba como indica el dibujo.

FEDERICO GARCÍA LORCA

El poeta y dramaturgo Federico García Lorca en la obra *Títeres de cachiporra* hace referencia indirecta a este mecanismo, pues cuando don Cristóbal da estacazos al doctor hace que este vaya estirando el cuello.

ARRODILLARSE

Para hacer que el muñeco de guante se arrodille es menester poner las dos manos dentro del vestido. La mano que está animando el títere permanece en su lugar, pero el titiritero introduce la otra mano (A) y con los nudillos de los dedos índice y corazón crea las rodillas. A la vez que realiza este movimiento, el muñeco pierde altura, se hunde, como si efectivamente doblara las piernas.

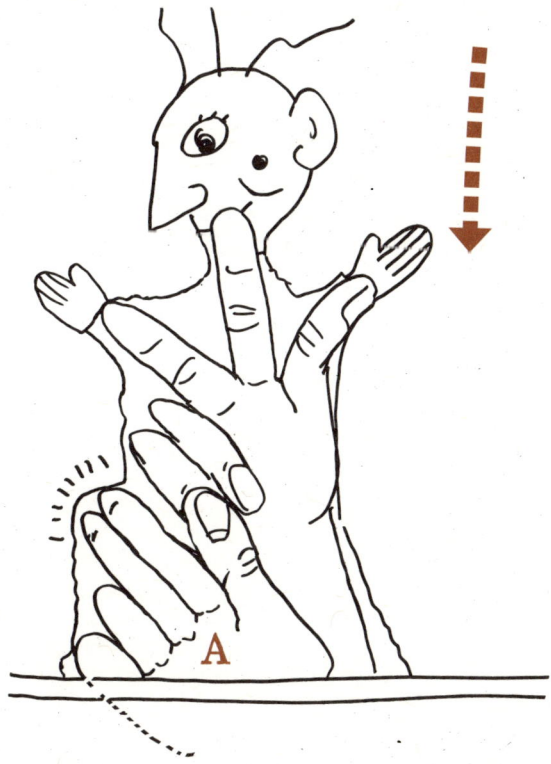

ESCONDERSE

A veces el títere se oculta tras el retablo, pero muestra una pequeña parte de su cuerpo o de su ropa.

Es muy habitual que el muñeco, supuestamente escondido, aunque dejando ver, como digo, una mano, el pelo, una pierna..., pregunte al público: «¿Se me ve?». Suele repetir este juego varias veces: «¿Y ahora me veis?»...

LA VUELTA COMPLETA

Un títere de guante puede girar sobre sí mismo de dos formas:

1. La ilustración de esta página muestra cómo, si sacamos los dedos de las mangas de la camisola y mantenemos el dedo índice en la cabeza, al realizar un movimiento de rotación con la muñeca, y siempre que la amplitud del cuello permita que la cabeza gire, el títere puede dar una vuelta completa.

2. Otra manera de hacerlo consiste en que el propio titiritero, con la mano alzada y el muñeco enguantado, dé una vuelta sobre sí mismo.

MANOS A LA ESPALDA

Para conseguir que el títere de guante se lleve las manos a la espalda se debe girar la mano dentro del vestido de forma que la parte interior quede en la espalda del muñeco y no en la parte delantera como es habitual (trato de mostrarlo en la ilustración).

Si se hace con el muñeco alzado, conviene que el cuello sea holgado para que pueda girarse el dedo índice que soporta la cabeza.

Aprendí este truco del excelente grupo de títeres argentino El Chonchón.

TIRAR AGUA (LA *MEADA*)

Un recurso muy usado por los titiriteros es el de tirar agua al público desde el interior del retablo.

Por ejemplo, el personaje dice: «Disculpe, estimado público, debo irme, pues tengo una necesidad urgente...».
Entonces desaparece y a continuación los espectadores reciben un chorro de agua.

DUPLICAR UN MUÑECO

En ocasiones conviene duplicar un muñeco para poder realizar un cambio rápido de vestuario o alguna otra modificación
que precise el desarrollo de la fábula o que queramos hacer en
el personaje para crear un gag.

LA PARTE POR EL TODO

En la ilustración puede verse como el titiritero pasea la cola del lobo por la escena para indicar la presencia del personaje: con solo una parte de él se sugiere que está allí. Este recurso resulta útil para transiciones de escena y cambios o movimientos rápidos.

PONERSE DE ESPALDAS AL PÚBLICO
(GIROS)

El movimiento de los títeres y el juego de persecuciones y engaños tan propio de este teatro requieren en ocasiones que el titiritero gire sobre sí mismo y dé, de manera transitoria, la espalda al público.

Existe en los principiantes una tendencia muy grande a permanecer en todo momento de cara al público, y a menudo tengo que recordar esa posibilidad.

El giro del titiritero permite un cambio de posición simultáneo de los dos muñecos, muy rápido y eficaz, pues por sí solo ya crea un baile o una persecución.

Cuando se ejecuta este doble cambio debe recordarse hacer *caminar* a los muñecos moviéndolos hacia arriba y hacia abajo a la vez que se gira.

BAILA FLAMENCO

En general, en los principiantes los movimientos que hacen con las manos al animar los muñecos en el retablo suelen ser muy contenidos.

Para pedir a la titiritera que mueva con más fuerza y más intensidad los muñecos suelo decirle: «Mueve las manos en el retablo como si bailaras flamenco». Es una manera de sugerir un movimiento alocado y frenético de los muñecos que suele darme resultado.

ENTRE DOS

No es habitual, pero en ocasiones se hace necesario que un titiritero mueva el títere y otro haga la voz.

El dar vida entre dos titiriteros a un único muñeco puede
resultar útil. Cuando empecé como trujamán de mi maestro,
Gerardo Duat, él me hacía mover los títeres, pero no quería que
hiciera las voces, pues de eso se encargaba él.

LOS PIES TAMBIÉN CUENTAN

En castellano se suele usar la expresión *tener tablas* para indicar que se posee experiencia en espectáculos o actos públicos. Pues bien, golpeando las tablas con los pies en sincronía con acciones de los muñecos se pueden potenciar los gags y los efectos. Imaginemos que un títere cae asustado hacia atrás como se indica en la ficha «El desconcierto» (pág. 39). Si al mismo tiempo el titiritero da un golpe con el pie en las tablas, el efecto humorístico aumenta.

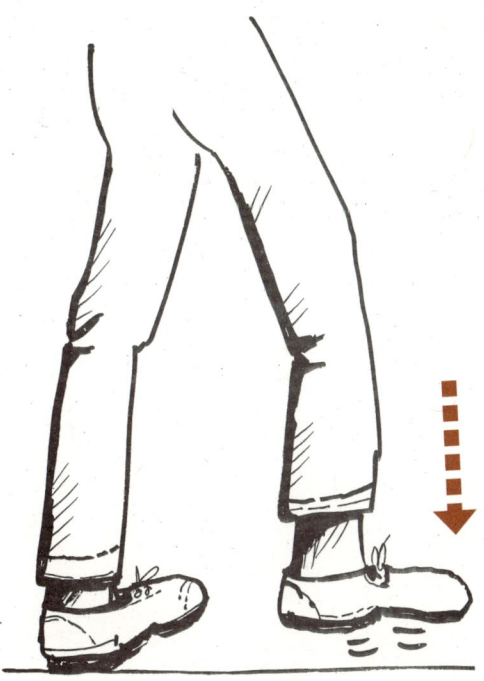

LA POSICIÓN EN ESCENA

El muñeco se sitúa en el centro de la escena para hablar con el público o para realizar una acción, pero esa posición centrada no siempre es la más adecuada, pues cuando se trata de llevar a cabo una acción secreta, preparar una trampa, espiar lo que hacen otros personajes... conviene más que esté en un lado o semioculto tras los parapetos laterales que solemos llamar *patas*.

4. BOCONES

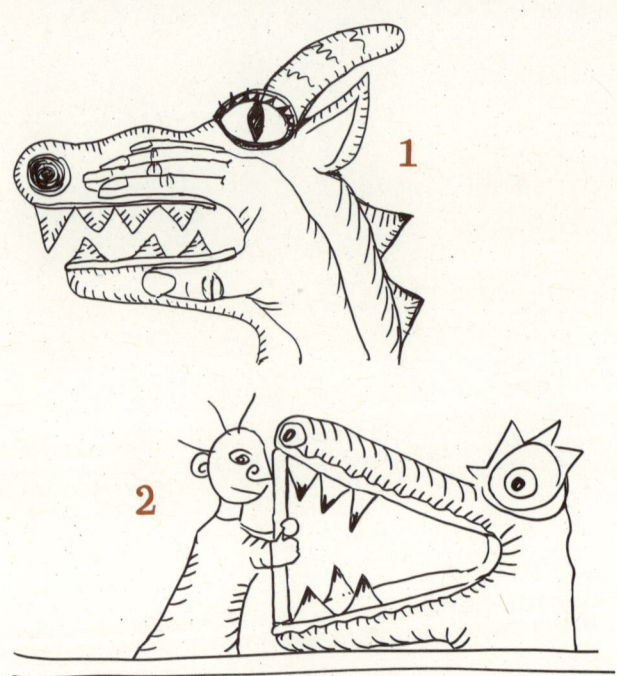

EL BOCÓN

He aquí el bocón (dragón, cocodrilo, perro..., según diversas tradiciones titiriteras). Se trata de un personaje que al aparecer en las rutinas titiriteras se enfrenta o juega con el protagonista (Polichinela, Guiñol, Perico, Barriga Verde o Cristobita).

Como puede apreciarse en la ilustración 1, el dedo pulgar se aloja en lo que sería la mandíbula inferior y los otros cuatro se colocan juntos en la superior.

La ilustración 2 muestra una rutina que aprendí del titiritero napolitano Salvatore Gatto en la que Polichinela *bloquea* la boca del bocón con un palo o una estaca.

EL BOCÓN QUE REPTA

Existen unos bocones de cuerpo entero que se animan con los brazos cruzados a la altura de la cabeza del titiritero. Al realizar los dos movimientos básicos que indican las ilustraciones sobre la repisa del retablo, el muñeco avanza reptando.

SIN CUERPO PERO CON COLA

En la ilustración se ve como con la cabeza y la cola puede *crearse* todo un dragón. Este truco permite jugar y aporta versatilidad a la manipulación.

El público imagina el cuerpo oculto por la tela del biombo. En este teatro a menudo pedimos al público que acabe de completar lo que solo sugerimos.

ZARANDEO CON BOCÓN

Después de que el titiritero haya dejado *postrado* un títere en el proscenio y haya sacado la mano que lo anima, el bocón lo coge y lo zarandea y después lo vuelve a soltar, y así varias veces si conviene, pues, una vez dejado el muñeco en el proscenio, se puede poner la mano otra vez en él y animarlo de nuevo como hemos visto en fichas precedentes.

Este zarandeo con bocón resulta especialmente divertido. También es posible, dependiendo de la anchura de las *tragaderas* del bocón, que este lo *engulla* completamente.

HABLAR ESTORBÁNDOSE CON LA LENGUA

Resulta útil y hasta divertido que, cuando el bocón tiene en sus fauces un objeto o un personaje, su voz la emita el titiritero estorbándose a sí mismo con la lengua, como evidenciando que el muñeco tiene algo entre los dientes.

5. MUÑECOS DE VARA

PERSONAJES SECUNDARIOS

Es útil y práctico hacer convivir los títeres de guante con muñe-cos que se manipulan mediante una vara, un palo que sujeta el cuello o la cabeza del muñeco y sale por debajo del vestido.

Suele usarse esta técnica para personajes con poca presen-cia escénica, pues estos muñecos tienen dificultad para mani-pular objetos o realizar movimientos precisos.

OTROS SECUNDARIOS DE VARA

En la ilustración, el muñeco de guiñol convive con un gallo. Este gallo de vara tiene mucha movilidad.

Al manipular este tipo de títeres, obsérvese que adquieren una gestualidad diferente gracias al uso de la vara, que actúa a modo de palanca, pues permite giros y movimientos más rápidos y bruscos.

REPERTORIO GESTUAL

Llamamos *repertorio gestual* a los movimientos propios de un muñeco en función de su configuración técnica.

VARA CORTA, VARA LARGA

La ilustración muestra los ratones que usamos en una versión con títeres del cuento *El flautista de Hamelín* que titulamos *Dragoncio*.

La mayor longitud de la vara permite que los desplazamientos del ratón sean más rápidos y también más amplios. Es decir, una vara larga actúa como una palanca que *amplía* el movimiento, pero hay que tener en cuenta que puede presentar alguna dificultad de manipulación porque conlleva la necesidad de más espacio en el retablo (recuérdese que en algunas ocasiones son varios los titiriteros que se esconden tras el biombo para animar los muñecos).

VARA PARA PELOTAS Y MARIPOSAS

En convivencia con los títeres de guante suelen usarse también las varas para pelotas, mariposas y otros objetos o animales pequeños que precisan movimientos rápidos.

LA MANIVELA DEL BAILE

Algunos muñecos de vara tienen en la base una manivela que
permite hacerlos girar y bailar fácilmente.

6. VOCES

IMAGINAR VOCES

Una técnica para diferenciar las voces de los distintos personajes consiste en imaginar un animal cuya voz característica (aullido en el caso de la ilustración) nos inspire para crear la de cada uno de los títeres.

LOS PAYASOS

Propongo otro juego relacionado con las voces de los muñecos. Coge dos títeres, uno en cada mano. Van a tener una conversación absurda: uno tendrá una voz que recuerde el gruñido de un cerdo y.el otro una que evoque el maullido de un gato, o uno voz de *agua* y otro voz de *campana*.

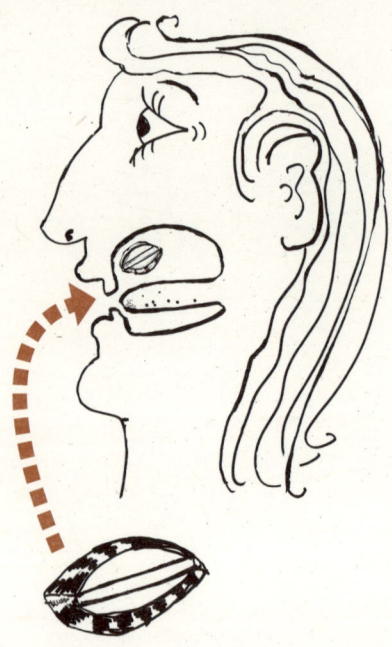

LA PRÁCTICA O LENGÜETA

Es costumbre antigua y casi secreta que el maestro titiritero transmita a su alumno el uso de la lengüeta, pito o práctica.

Se trata de un artilugio que se confecciona con dos chapas metálicas curvadas en forma de almendra entre las cuales hay una membrana que vibra y con la que se obtiene esa voz característica (chillona y estridente) de los títeres tradicionales. La destreza del titiritero consiste en alojarla en el cielo del paladar con ayuda de la lengua y, también con esa pericia lingual, colocarla bajo ella cuando se quieren emitir voces más naturales sin esa deformación que proporciona la lengüeta (hay que tener cuidado para no atragantarse con ella).

7. CREACIÓN DE ESCENAS

Antes de proponer algunas ideas para la creación de escenas, y tal como decía en la ficha «Arquetipos» (pág. 18), hago notar que los títeres llevan ya escrito en la cara su carácter, una personalidad indeleble que *hipoteca* en gran medida sus acciones. Bien es verdad que podemos *amortizar* esa hipoteca haciéndolos actuar de un modo que no se espera de ellos, como se verá en la ficha «Desmontar arquetipos» (pág. 101).

Es importante pensar en esto antes de diseñar y construir los muñecos.

LA ESTACA Y LA FLOR

Se trata de crear escenas a partir de dos objetos bien distintos:
una estaca y una flor. Son dos elementos contrapuestos y se com-
probará que dan lugar a escenas y situaciones muy diferentes.

Tras la improvisación se verá hasta qué punto el objeto ha
condicionando las acciones.

CESTA, PAÑO, SARTÉN, CUERDA

Un paño, una cesta, una cuerda, una sartén y una flor son objetos que van a posibilitar juegos y escenas con los muñecos.

Propongo empezar con uno de ellos agarrándolo con un títere y moviéndolo de un lado a otro, observando cómo el muñeco puede cogerlos y desplazarlos. Tras esa exploración inicial hago que aparezca un segundo personaje que interactúa.

Ejemplos:

- El fantasma: se utiliza el paño para esconder un personaje o para convertirse en fantasma.

- El regalo: se usa la cesta como regalo que un títere ofrece a otro, y otro personaje, en un descuido, roba la cesta.

- El prisionero: un personaje lleva a otro atado con la cuerda como si fuera un animal.

- Los muñecos se golpean con la sartén, pero... también le encuentran otra utilidad y la usan como sombrero o para cocinar.

- Un personaje le entrega a otro una flor en señal de amistad o de amor (con un mango recio que facilita la manipulación).

EL BEBÉ

En el teatro de títeres tradicional el personaje del bebé (un fardo o hatillo con cara) se usa en varias rutinas.

Polichinela cuida mal al bebé, se come la comida destinada a él; el bebé llora y Polichinela lo tira o lo abandona; el bebé se orina y lanza agua hacia el público (véase la página 65).

EL REGALO

Esta propuesta o ejercicio, que puede dar lugar a una escena, consiste en hacer que el títere coja un objeto, lo deje en la repisa del proscenio, vuelva a cogerlo y se lo entregue a otro personaje. Este segundo personaje puede ser manipulado por el mismo titiritero, que llevaría un muñeco en cada mano, o por otro, como muestra el dibujo.

UN OBJETO *ANIMADO*

La titiritera sujeta un objeto que aparece en escena y, como la
mano que lo anima está oculta en el retablo, puede desplazarlo
de manera que parezca que se mueve por sí solo en el escenario. Cuando el títere quiere cogerlo, el objeto se escapa, huye...

    Este truco permite crear ciertos gags divertidos y sorpren-
dentes con los muñecos y un objeto aparentemente inanimado,
y de repente animado, que los persigue o es perseguido por ellos.

UN PELUCHE COMO PERSONAJE

En ocasiones puede usarse un muñeco, un peluche o un jugue-
te como personaje que interviene en la historia haciendo que
hable, se mueva e interactúe con los títeres.

EL PREGUNTÓN

Este juego o ejercicio teatral consiste en que varios titiriteros manipulan, uno tras otro, un títere, que será el orador. Previamente se elige un tema trascendental: la patria, la vida, el amor...

El primer orador-titiritero hace la siguiente introducción: «Quiero preguntaros en nombre de la patria [en nombre de la vida / en nombre del amor...]». Luego plantea la primera pregunta: «¿qué es la patria?».

El segundo repite la primera pregunta y añade una segunda: «Quiero preguntaros en nombre de la patria: ¿qué es la patria?, ¿cuál es la primera obligación de un patriota?».

Y así sucesivamente se van añadiendo preguntas, siempre repitiendo las de los jugadores precedentes.

LA LIBERACIÓN

Al practicar este juego suelo comentar la liberación que supone hacer hablar al muñeco sobre temas trascendentales o complejos.

CONTRASTE DE PERSONALIDAD

Una de las *maravillas* de los muñecos de guante consiste en que nos permiten ser verdaderos demiurgos, pues en una mano podemos llevar un personaje malvado y en la otra uno bondadoso, o dotar a uno de simplicidad o de bobería y al otro de sabiduría o de pedantería.

Ese contraste nos ayuda a diferenciar los personajes asignándoles cualidades contrapuestas. Cito una pareja clásica de la comedia del arte: el militar fanfarrón y el bobo.

EL MOVIMIENTO ANTES QUE LA PALABRA

Este ejercicio consiste en partir de dos movimientos distintos para idear una escena. No se trata, pues, de *apoyarse* en la personalidad de unos personajes previamente creados: en este caso propongo mantener alzados dos títeres y dotarlos de movimientos contrastados. Sugiero algunos binomios:

- lento / rápido
- rectilíneo / sinuoso
- circular / quebrado

A partir de ese contraste de movimientos, y no de personalidades prefijadas o de textos, tratamos de desarrollar una acción dramática.

CAPERUCITA Y EL LOBO

El juego que propongo consiste en dibujarse en una mano con lápiz de maquillaje unos ojos de lobo. La otra mano lleva una bolita que representa la cabeza de Caperucita, al estilo de las utilizadas por el titiritero ruso Serguéi Obraztsov (véase la ficha «Las bolas de Obraztsov», pág. 103).

El lobo y Caperucita mantienen un diálogo.

Con dos personajes contrapuestos es fácil que surja un conflicto, y con un conflicto puede desarrollarse una historia. Una fábula con pausas, ritmo y sorpresas se convierte en la joya más valiosa, pues con ella se capta la atención del público.

DESMONTAR ARQUETIPOS

En el apartado primero, «Algunas cuestiones básicas», he hablado de los arquetipos. Ahora propongo realizar una escena *desmontándolos*, es decir, haciendo ejecutar a personajes arquetípicos acciones contrarias a las que se esperan de ellos. Ejemplo: Colombina le regala al diablo una cesta de frutas, flores o comida, pero, en un descuido, el guardia roba esa cesta y...

Obsérvese que partimos de los arquetipos, de su personalidad prefijada, para contradecirla y sorprender al público.

EL BAILE

Las ilustraciones de esta página tratan de mostrar cómo un titiritero con un muñeco en cada mano puede realizar un baile con giros, vaivenes, palmas y cambios de posición.

Este baile tiene *coreografías* creadas con movimientos simétricos de ambas manos como los que ilustran los dibujos, pero también con otros no simétricos (un muñeco baja y el otro sube) que añaden dinamismo.

Solemos los titiriteros hacer estos bailes al acabar un espectáculo como *final feliz*.

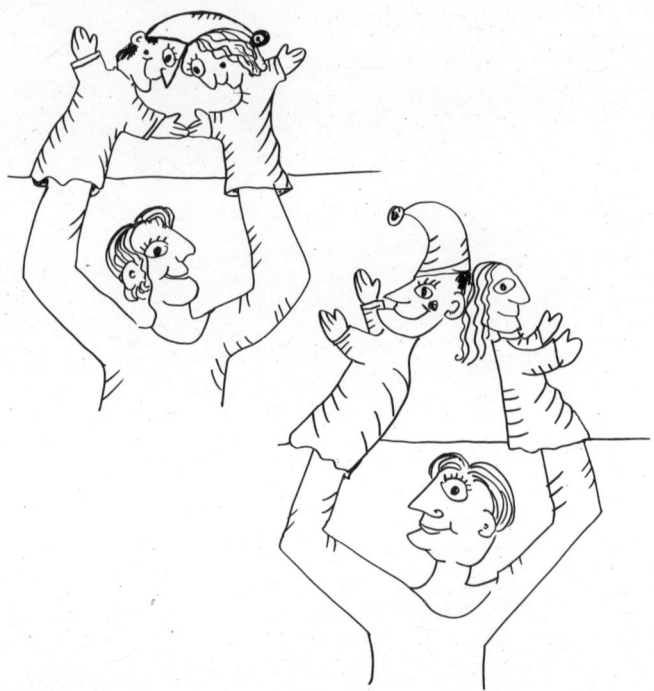

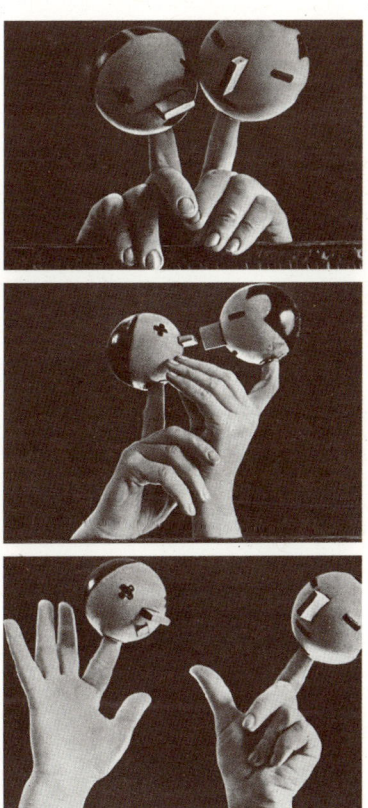

LAS BOLAS DE OBRAZTSOV

Estas antiguas fotografías se han extraído del libro *Mi profesión*, del gran titiritero ruso Serguéi Obraztsov, para proponer la elaboración de una escena con las manos del titiritero a la vista y unas simples bolas a las que se les han añadido unos sencillos elementos para crear los rasgos de los rostros de los personajes.

CARA-MANO

El juego que propongo a continuación, aunque no tiene relación directa con los títeres de guante, creo que puede resultar útil. No me resisto...

Nos dibujamos con lápiz de maquillaje una cara en la palma de cada mano, tal vez dos personajes contrapuestos como son las máscaras del teatro: una sonríe y la otra está enfadada.

Se trata de crear una escena donde, además de establecer un diálogo, juguemos con la expresividad de las manos, pues estos *títeres de carne y hueso* disponen de una doble gestualidad: la del personaje-títere y la propia de la mano, que saluda, se agita, se convierte en puño, etcétera.

CONVIVENCIA

A través de esta antigua fotografía muestro otro recurso dramático del teatro de títeres que consiste en la convivencia en el retablo de muñecos de cartón con actores de carne y hueso que prestan su cabeza (el resto del cuerpo es de tela).

Obsérvese que el telón de fondo debe acercarse a la boca del escenario para ocultar al actor-títere, que en este caso es Harpo, uno de los Hermanos Marx.

¿ANIMALES?

Antiguamente era frecuente que en las funciones de títeres convivieran animales con los muñecos. En las rutinas de Punch y Judy representadas en el Reino Unido solía aparecer un perro.

Sospecho que aquellos titiriteros incorporaban animales reales a sus espectáculos para *contaminar* de vida sus propios muñecos.

El grabado que añado muestra un gato en el retablo de una función callejera.

8. EL RETABLO

SALIDAS LATERALES

En los retablos que únicamente disponen de tela frontal pueden realizarse salidas laterales con los títeres para que aparezcan por un lado u otro.

Algunos retablos tienen aberturas en la tela frontal por donde también pueden asomarse los muñecos y así sorprender al público.

EL TITIRITERO HABLA CON EL MUÑECO

Existe un recurso de dramaturgia que consiste en que el titirite-ro se asoma por un lado del retablo y habla con el títere. Pongo un ejemplo:

DIABLO-TÍTERE: ¡Titiritero!

TITIRITERO (*saliendo*): ¿Qué quieres?

DIABLO-TÍTERE: Tú sin mí no eres nada.

TITIRITERO: Te voy a mostrar lo que eres tú sin mí. (*El titiritero deja colgado el muñeco en el retablo, pero el diablillo sigue hablando*).

SACUDIR LA TELA

Para dar sensación de agitación o de alboroto puede moverse
la tela del retablo de forma que se sugiera al público que tras
ella hay excitación, ajetreo, persecuciones...

RETABLO *VIVO*

Cuando se está jugando con un retablo muy simple (el de la ilustración consta de dos palos, una tela y una sencilla plataforma donde va sujeto el palo vertical) puede usarse para crear gags, bien echándolo hacia delante y asustando al público, bien inclinándolo a un lado y a otro como si fuera un balancín o un barco en movimiento.

A LA VISTA

Especialmente en el ámbito familiar, en situaciones cercanas al juego, y también en espectáculos profesionales, a veces se realizan funciones de títeres de guante sin retablo, de forma que se ve a los titiriteros con los guiñoles enguantados. Es lo que llamamos *manipulación a la vista*.

9. ESCENOGRAFÍAS

EL ÁRBOL, EL PUENTE, LA REJA Y EL POZO

Para crear situaciones a partir de elementos escenográficos preparo un árbol, un puente, la reja de una cárcel y un pozo. Salvo en el caso del árbol, se trata de lugares del tránsito que comunican *un lado* con *otro lado*.

La ilustración muestra cómo un árbol puede ser una silueta (bidimensional) que permita esconderse a un títere de guante.

(En el apartado que sigue explico cómo sujetar estos sencillos elementos).

PARECE ENTERO, PERO ES LA MITAD

Algunos decorados del teatro de títeres, como el que aparece en el dibujo, se construyen de forma que parecen estar completos desde el punto de vista del público, pero en realidad se trata solo de la mitad. Esta característica permite jugar con los títeres de una manera más cómoda.

En la ilustración intento explicar lo que debe hacerse cuando un personaje *cae al pozo*, que fue uno de los primeros decorados que conocí cuando me inicié en la práctica de los títeres con mi maestro, Gerardo Duat.

La mano que anima el títere (A) se desliza fuera de él mientras su cabeza *se mete* en el pozo y, ya fuera de la vista del público, la otra mano del titiritero (B) la sujeta y acaba de *hundirlo*.

Mi maestro representaba una rutina en la que un personaje malvado robaba a los caminantes y los arrojaba al pozo. Perico, el protagonista, oía las voces de los que estaban hundidos, les tiraba una cuerda y los iba sacando (véanse las ilustraciones de la ficha «Dos manos para todo», pág. 53). Al final salía también el demonio y ya os podéis imaginar...: estacazos, engaños y persecuciones hasta que Perico conseguía echar al diablo de vuelta al pozo.

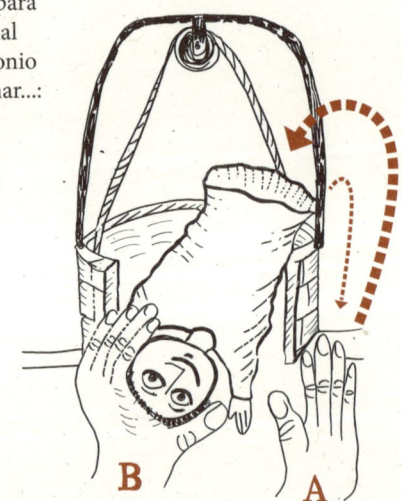

B   A

DECORADOS DE FONDO

En los retablos antiguos solían usarse decorados como el que puede verse en la ilustración. Normalmente se utilizan diseños con perspectiva para crear sensación de volumen o de profundidad. No obstante, hay que tener en cuenta que esas ilustraciones no deben ser tan prolijas y definidas que *compitan* con los propios personajes. Para evitar esa presencia visual excesiva de los fondos es bueno huir de colores muy saturados y chillones y procurar que, por el contrario, queden difuminados o con una *veladura* que permita a los títeres resaltar sobre ellos.

LA CAJA DE MEROÑO

Se trata de una caja para títeres de guante o bocones que permite que los personajes puedan entrar y salir por tres sitios: uno de los laterales, la parte trasera y la parte superior.

La parte trasera no tiene tapa. En la lateral y en la superior hay unas puertas con bisagra.

Aprendí esta rutina de la caja del titiritero español Manuel Meroño.

10. SOPORTES, APOYOS, AYUDAS

LA REPISA DEL RETABLO

Los retablos o teatrillos suelen tener en la boca (que también llamamos *proscenio*) una repisa para que los muñecos puedan coger o dejar objetos, que así quedan a la vista del público.

LA ANILLA DE COLGAR Y EL ARO

Solemos los titiriteros coser una anilla en la parte posterior de la camisola del muñeco para poder dejarlo colgado y cogerlo.

Las anillas (A) permiten mantener alzado un títere en escena con una mano y realizar cambios y apariciones de nuevos personajes con la otra.

Algunos titiriteros solemos coser en la parte inferior de la camisola o vestido del títere un aro de plástico (B) o de material rígido que facilita la entrada y la salida de la mano. También ayuda a dar volumen al muñeco.

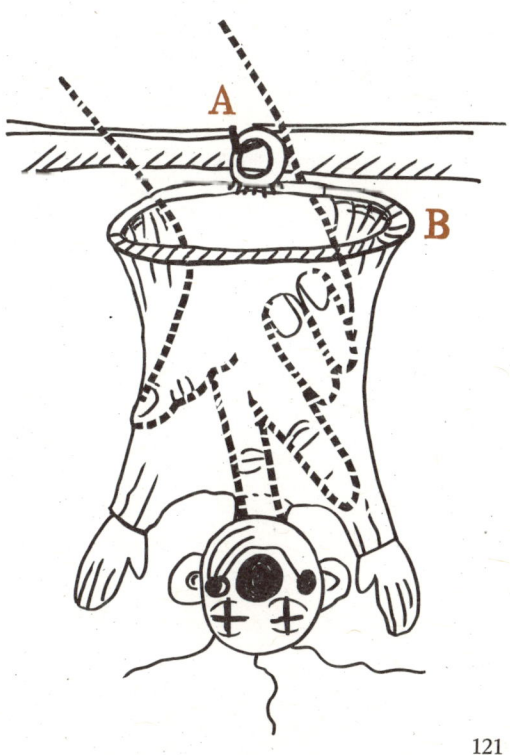

PINZAS Y ANILLAS

En este dibujo del retablo visto desde dentro se puede apreciar cómo se sujeta un árbol mediante una pinza en la boca del escenario o en la repisa.

También se ven una escoba y un muñeco colgados con anillas de sendas escarpias.

BOLSILLOS

Usamos bolsillos para dejar otros títeres y algunos útiles. De esta manera todo está dispuesto y a punto para la función.

La ilustración muestra cómo la titiritera, a la vez que deja un muñeco, saca directamente del bolsillo a escena otro personaje (bien es verdad que se trata de uno secundario, en este caso un títere plano).

AGUJEROS O CILINDROS EN LA REPISA

A menudo en la tabla del proscenio se practican unos agujeros para fijar estacas, banderas, carteles u otros elementos de utilería. También pueden sujetarse esos accesorios o aditamentos insertando el asta o el palo que llevan en unos cilindros, como muestra el dibujo.

RETABLO *TRANSPARENTE*

Añado esta ficha para mencionar un retablo al que se le ha quitado la tela que lo cubre, de modo que el propio titiritero con una máscara puede interpretar un tercer personaje.

Nuestra compañía viene usando en los últimos espectáculos este retablo *transparente* que permite que el público vea los cambios de personajes y utilería.

EL ÚLTIMO SECRETO

Acabo esta recopilación de secretos con uno que me ha resultado muy útil. Lo aprendí del Teatro Académico de Marionetas de Kiev. Consiste en dar barniz transparente y brillante a los ojos de los títeres para que tengan brillo y se vean más expresivos, más vivos.

11. LA FUNCIÓN

¿BULULÚ O ÑAQUE?

En esta portada de la revista *La Esfera* de 1918 se intuye que tras el músico de la zanfona, bajo la capa, hay un segundo titiritero que alza los muñecos de los que disfrutan los aldeanos.

El escritor Fernando de Rojas en su libro *El viaje entretenido* (1603) llama *bululú* al comediante solista y *ñaque* a la formación ambulante de dos actores, como la de este caso.

EL GUIÑOL EN LA ALDEA, cuadro original del eminente pintor asturiano Luis Menéndez Pidal

EL PÚBLICO

Finalizo esta serie de fichas con el público, *el respetable*, que en este caso no es solo el destinatario de las representaciones, pues el teatro de títeres tiene en él un verdadero *partenaire* que, al contrario de lo que sucede en el teatro de actores llamado *de cuarta pared*, dialoga con los personajes, ayuda al protagonista, interviene, lleva el ritmo de la música y contesta las preguntas que le hacen los polichinelas.